LUGARES EXTREMOS DE LA TIERRA
LOS LUGARES
MÁS LLUVIOSOS
DE LA TIERRA
POR BAILEY O'CONNELL
Gareth Stevens
PUBLISHING

Please visit our website, www.garethstevens.com. For a free color catalog of all our high-quality books, call toll free 1-800-542-2595 or fax 1-877-542-2596.

Library of Congress Cataloging-in-Publication Data

O'Connell, Bailey.
Los lugares más lluviosos de la Tierra / by Bailey O'Connell, translated by Esther Sarfatti.
pages cm. — (Lugares extremos de la Tierra)
Includes index.
ISBN 978-1-4824-2428-7 (pbk.)
ISBN 978-1-4824-2429-4 (6-pack)
ISBN 978-1-4824-1923-8 (library binding)
1. Rain and rainfall — Juvenile literature. 2. Weather — Juvenile literature. I. O'Connell, Bailey, author. II. Title.
QC924.7 O26 2015
551.577—d23

First Edition

Published in 2015 by
Gareth Stevens Publishing
111 East 14th Street, Suite 349
New York, NY 10003

Designer: Katelyn E. Reynolds
Editor: Therese Shea

Photo credits: Cover, p. 1 Liysa/Perspectives/Getty Images; cover, pp. 1–24 (background texture) ArtTDi/Shutterstock.com; p. 5 FamVeld/Shutterstock.com; p. 7 (map) MattWright/Wikipedia.com; p. 7 (main) Michael Utech/E+/Getty Images; p. 9 (map) Filip Bjorkman/Shutterstock.com; p. 9 (main) John Henry Claude Wilson/Robert Harding World Imagery/Getty Images; p. 11 (map) Saravask, based on work by Planemad and Nichalp/Wikipedia.com; p. 11 (main) T photography/Shutterstock.com; p. 13 (map) Stannered/Wikipedia.com; p. 13 (main) Luis Robayo/AFP/Getty Images; p. 15 Merkushev Vasiliy/Shutterstock.com; p. 17 Dennis K. Johnson/Lonely Planet Images/Getty Images; p. 18 Sharon Eisenzopf/Shutterstock.com; p. 19 (map) Theshibboleth/Wikipedia.com; p. 19 (main) Laszlo Podor Photography/Moment/Getty Images; p. 21 Jim McKinley/Moment Open/Getty Images.

Printed in the United States of America

CPSIA compliance information: Batch #CW15GS: For further information contact Gareth Stevens, New York, New York at 1-800-542-2595.

CONTENIDO

Las palabras del glosario aparecen en **negrita** la primera vez que se usan en el texto.

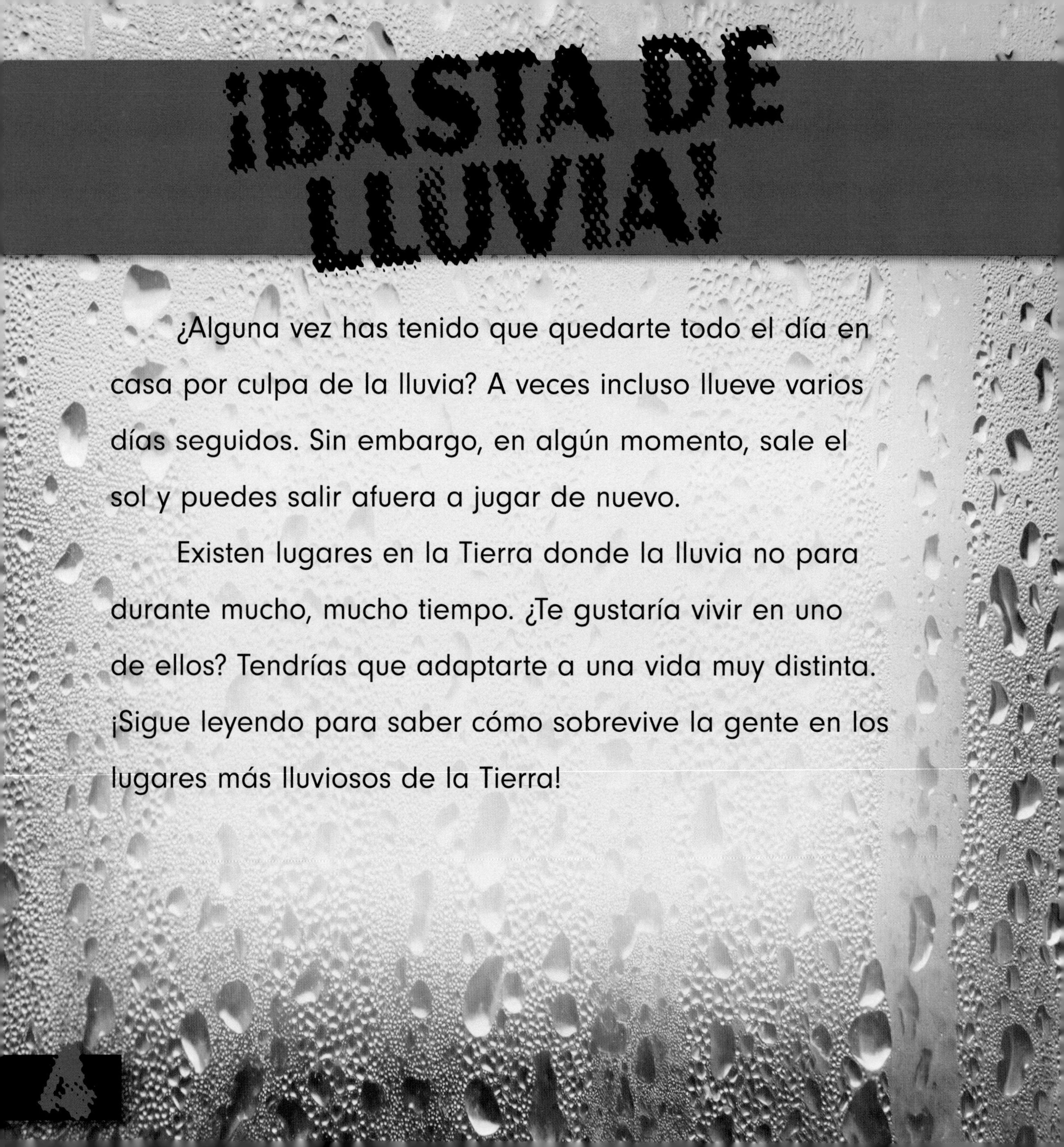

¡BASTA DE LLUVIA!

¿Alguna vez has tenido que quedarte todo el día en casa por culpa de la lluvia? A veces incluso llueve varios días seguidos. Sin embargo, en algún momento, sale el sol y puedes salir afuera a jugar de nuevo.

Existen lugares en la Tierra donde la lluvia no para durante mucho, mucho tiempo. ¿Te gustaría vivir en uno de ellos? Tendrías que adaptarte a una vida muy distinta. ¡Sigue leyendo para saber cómo sobrevive la gente en los lugares más lluviosos de la Tierra!

La lluvia puede estropear nuestros planes, pero es necesaria para que las plantas y los animales se mantengan sanos. No obstante, mucha lluvia puede tener un efecto perjudicial en nuestro mundo.

EL MONTE WAIALEALE

El monte Waialeale, en la isla hawaiana de Kauai, alguna vez se consideró el lugar más lluvioso de la Tierra. Allí llueve unos 350 días al año, recibiendo unas 450 pulgadas (1,140 cm) de lluvia. Eso significa que sus verdes laderas son similares a un **pantano**.

La montaña mide 5,148 pies (1,569 m) sobre el nivel del mar y a menudo está cubierta de nubes. La lluvia del monte Waialeale proporciona agua a los ríos de Hawai así como a varias cataratas. De hecho, la fuerza del agua que baja por la montaña ha formado **cañones** en las laderas.

¡VERDADERAMENTE EXTREMO!

En 1982, el monte Waialeale recibió 683 pulgadas (1,735 cm) de lluvia, casi 57 pies (17,4 m).

A unas pocas millas del monte Waialeale, ¡la cantidad de lluvia llega tan solo a 10 pulgadas (25 cm) al año!

LOS LUGARES MÁS LLUVIOSOS DE LA INDIA

Cherrapunji, un pueblo al noreste de la India, se declara el "lugar más húmedo de la Tierra". Recibe un **promedio** de 464 pulgadas (1,179 cm) de lluvia al año. ¡Eso son casi 39 pies (12 m)!

Sin embargo, otro pueblo más pequeño, a unas 10 millas (16 km) de distancia, podría ser incluso más lluvioso. Mawsynram recibe un promedio de 467 pulgadas (1,186 cm) al año. Casi el noventa por ciento de la lluvia del noreste de la India cae entre mayo y octubre. Durante esta época, tiene lugar un fenómeno climático llamado monzón.

¡VERDADERAMENTE EXTREMO!

Cherrapunji tiene el récord mundial de la mayor cantidad de lluvia caída en un año. ¡Entre agosto de 1860 y julio de 1861, cayeron 1,042 pulgadas (2,647 cm) de lluvia!

Unas 10,000 personas viven en Cherrapunji.

¡MONZÓN!

Un monzón es un determinado movimiento del viento que trae lluvias intensas. Los monzones ocurren por las diferencias de temperatura en el aire sobre el mar y la tierra. En verano sube el aire caliente sobre la tierra. El aire fresco sobre el agua rápidamente toma su lugar. Este aire está lleno de **humedad** del mar. Se calienta, sube para formar nubes en el cielo y luego cae como lluvia.

Los vientos que traen la lluvia a Cherrapunji y a Mawsynram se llaman el monzón del suroeste. Provienen de la bahía de Bengala.

¡VERDADERAMENTE EXTREMO!

Durante el invierno, los vientos del monzón cambian de dirección. La mayoría de los monzones en verano vienen del oeste y la mayoría de los monzones en invierno vienen del este.

Los granjeros de la India necesitan el monzón para que traiga lluvia a sus cultivos todos los años. Sin embargo, demasiada lluvia puede dañar los cultivos.

PUERTO LÓPEZ

Recientemente, un pueblo de América del Sur ha sido coronado como el lugar más lluvioso de la Tierra. Puerto López se encuentra cerca de la costa oeste de Colombia. Entre abril de 1960 y febrero de 2012, ¡recibió un promedio de más de 507 pulgadas (1,288 cm) de lluvia por año! Eso es más de lo que recibió Mawsynram, en la India.

La ubicación de Puerto López entre el Océano Pacífico y una cadena montañosa es la razón por la cual cae esta cantidad tan asombrosa de lluvia. Las montañas al este de Puerto López impiden que las nubes de lluvia avancen.

¡VERDADERAMENTE EXTREMO!

¡En 1984 y 1985, llovió todos los días sin excepción en Puerto López!

Aunque parezca increíble, ¡Puerto López recibió 937 pulgadas (2,380 cm) de lluvia en 1984!

¿A DÓNDE VA LA LLUVIA?

Ya has visto que hay lugares que reciben muchos pies de lluvia cada año, pero tal vez te preguntes qué pasa con toda esa agua. La que no **absorbe** la tierra se convierte en escorrentía. La escorrentía es el agua que fluye por la superficie de un terreno hacia los ríos, lagos y océanos. Allí, la lluvia se **evapora** para convertirse en nubes y el ciclo continúa.

No obstante, en algunos lugares, la lluvia no puede penetrar en la tierra, al menos no lo suficiente. A veces incluso no puede fluir hacia los ríos y los lagos. En esos casos, se producen inundaciones.

El ciclo del agua es el movimiento del agua sobre, dentro y encima de la Tierra.

LOS EFECTOS DE LA LLUVIA

En muchas partes de la India los monzones son bienvenidos porque ofrecen un respiro durante el tiempo caluroso y seco, y además proporcionan agua a las granjas y para la vida diaria. Durante la temporada seca, en algunas partes de la India, la gente tiene que andar varias millas para conseguir agua. No obstante, las inundaciones causadas por los monzones pueden arrasar comunidades enteras, así que la gente también teme las lluvias.

Alrededor del mundo, la gente teme las inundaciones que causa el exceso de lluvia. Incluso una pequeña inundación puede cambiar la vida de las personas, dañar sus casas y sus autos y hacer que el agua no sea buena para beber y bañarse.

¡VERDADERAMENTE EXTREMO!

Casi un billón de personas en la India dependen de las lluvias de los monzones para que los cultivos puedan convertirse en su alimento.

Las inundaciones pueden ocurrir en ciudades, donde el suelo está cubierto de materia que no permite absorber el agua.

¿CUÁL ES LA CIUDAD MÁS LLUVIOSA DE ESTADOS UNIDOS?

Hay algunas ciudades muy lluviosas en Estados Unidos también. En el sur, Mobile, Alabama recibe un poco más de 65 pulgadas (165 cm) de lluvia por año. En el noroeste, Astoria, Oregón, recibe 67 pulgadas (170 cm) de lluvia cada año, mientras que Forks, Washington, recibe cerca de 99 pulgadas (251 cm).

Sin embargo, la ubicación de la ciudad más húmeda tal vez te sorprenda. Hilo, Hawai, recibe un promedio de más de 127 pulgadas (323 cm) de lluvia al año, gracias al aire húmedo del Océano Pacífico.

Astoria, Oregón

Mucha gente viaja a Hawai para disfrutar de su clima caluroso y seco. La lluvia en Hilo significa que los turistas también podrán disfrutar de bellos bosques tropicales y cataratas.

CAMBIO CLIMÁTICO

Muchos científicos creen que el **cambio climático** contribuye a que haya más lluvia. Según aumentan las temperaturas alrededor del mundo, se evapora más agua y luego cae como lluvia. Algunos lugares no están preparados para tormentas e inundaciones serias. La gente en esos lugares debería comenzar a construir mejores carreteras, puentes y **alcantarillado**. También deberían de pensar en no vivir muy cerca de los mares y los ríos.

Si se redujera la cantidad de gases dañinos **emitidos** como resultado de actividades humanas, eso podría ayudar a frenar el cambio climático. Nuestras buenas acciones pueden tener un impacto positivo el medio ambiente ¡y así mantenernos todos a salvo!

¿CUÁNTO LLUEVE? CANTIDAD PROMEDIO DE LLUVIA POR AÑO

- Puerto López, Colombia: 507 pulgadas (1,288 cm)
- Mawsynram, India: 467 pulgadas (1,186 cm)
- Cherrapunji, India: 464 pulgadas (1,179 cm)
- Monte Waialeale, Hawai: 450 pulgadas (1,168 cm)
- Hilo, Hawai: 127 pulgadas (323 cm)
- Mobile, Alabama: 65 pulgadas (165 cm)

Mobile, Alabama

GLOSARIO

absorber: atraer una cosa a su interior

alcantarillado: un sistema hecho por el hombre, y normalmente subterráneo, para llevar las aguas residuales de las poblaciones.

cambio climático: cambio del clima de la Tierra a largo plazo, causado parcialmente por ciertas actividades humanas, como quemar aceite y gas natural

cañón: un valle profundo con lados empinados

emitir: echar algo hacia fuera

evaporar: convertir un líquido en vapor

humedad: agua en el aire

pantano: un lugar con vegetación que está cubierto de agua al menos parte del tiempo

promedio: un número que se obtiene al sumar números y luego dividir la suma por el número de números

LIBROS

Kalman, Bobbie, and Rebecca Sjonger. *The Water Cycle*. New York, NY: Crabtree Publishing Company, 2006.

Koponen, Libby. *Floods*. New York, NY: Children's Press, 2009.

Simon, Seymour. *Seymour Simon's Extreme Earth Records*. San Francisco, CA: Chronicle Books, 2012.

DIRECCIONES WEB

Los lugares más lluviosos del mundo: explorando la precipitación global
www.decodedscience.com/rainiest-places-in-the-world/26982
Lee más acerca de la lluvia, los monzones y otros eventos climáticos.

El ciclo del agua
www.kidzone.ws/water/
Se trata de una guía divertida del ciclo de agua.

¿Dónde está, exactamente, el lugar más húmedo de la Tierra?
www.weather.com/news/science/nature/wettest-place-earth-20130529
Aprende más acerca de la búsqueda del lugar más lluvioso de la Tierra.

Nota del editor a los educadores y padres: nuestros empleados han revisado cuidadosamente estos sitios web para asegurarse de que son apropiados para los estudiantes. Muchos sitios web cambian con frecuencia, por lo que no podemos garantizar que los futuros contenidos de un sitio continúen cumpliendo con nuestros altos estándares de calidad y valor educativo. Tengan en cuenta que se debe supervisar cuidadosamente a los estudiantes siempre que tengan acceso al Internet.

ÍNDICE